Christine Georg · Manfred Mai

Bitte! Danke!

sagt der kleine Fuchs

Bitte! Danke!
sagt der kleine Fuchs

Eine Geschichte von Manfred Mai
Mit Bildern von Christine Georg

Ravensburger Buchverlag

Der kleine Fuchs liegt vor dem Bau
und weiß nicht recht, was er tun soll.
Soll er alleine spielen oder soll er
zu seinem Freund Zottel gehen?
Während er noch überlegt, sieht er
jemanden näher kommen.
Es ist Tante Fuchs.
Sie hat eine große Tasche bei sich.

„Sind da Geschenke für mich drin?“,
ruft ihr der kleine Fuchs entgegen.
„Begrüßt man so seine Tante?“, tadelt sie ihn.
„Sag erst mal anständig Guten Tag,
wie es sich gehört!“
„Tag“, brummt der kleine Fuchs.

Sie stellt die Tasche ab. Der kleine Fuchs
schnuppert sofort daran und will sie öffnen.
„Pfoten weg!“, sagt Tante Fuchs.
„Das macht man nicht!“
„Ich will aber wissen, was da drin ist.“
„Ich will aber ...“ Tante Fuchs wackelt mit den Ohren.
„Das hör ich gar nicht gern. Wie sagt ein braves Füchslein?“
Weil der kleine Fuchs unbedingt wissen möchte,
was die Tasche enthält, tut er seiner Tante
den Gefallen und sagt: „Bitte!“
„Na siehst du, es geht doch.“

Tante Fuchs tätschelt ihm den Hinterkopf.
„Und weil du so schön Bitte gesagt hast, bekommst du auch gleich dein Geschenk.“
Sie öffnet die Tasche, holt einen Würfel heraus und gibt ihn dem kleinen Fuchs.
„Na, was höre ich?“
„Ist das alles?“
„Du bist vielleicht ein ungezogenes Füchslein!“, ruft Tante Fuchs empört.

Mama Fuchs und Papa Fuchs begrüßen Tante Fuchs.
Auch sie bekommen ein Päckchen und bedanken sich.
„Warum schenkst du Mama und Papa etwas?
Die sind doch schon groß."
„Wenn man zu Besuch kommt, bringt man ein kleines
Geschenk mit, das gehört sich so", antwortet Tante Fuchs.

„Und was ist drin?“, fragt der kleine Fuchs neugierig.
„Abwarten“, antwortet Tante Fuchs.
Abzuwarten fällt dem kleinen Fuchs schwer.
Damit er Ruhe gibt, öffnet Mama Fuchs
das Päckchen. Ein Bild kommt zum Vorschein.
„Gefällt es euch?“, fragt Tante Fuchs.
„Es ist sehr schön“, antwortet Mama Fuchs. „Vielen Dank!“
Papa Fuchs nickt. Doch man sieht ihm an, dass er von
dem Geschenk nicht gerade begeistert ist.

Mama Fuchs bittet Tante Fuchs in den Bau.
„Setz dich bitte. Du hast doch bestimmt Hunger nach dem langen Weg."
„Danke."
Es gibt Hühnchen, das Leibgericht vom kleinen Fuchs. Er greift kräftig zu genau wie Papa Fuchs. Und man hört, dass es beiden hervorragend schmeckt.
Tante Fuchs räuspert sich und schaut vorwurfsvoll von einem zum andern.
„Das Hühnchen schmeckt bestimmt genauso gut, wenn man es geräuschlos isst", sagt sie.
„Da glau i ni", drückt der kleine Fuchs mampfend heraus.
„Mit vollem Mund spricht man nicht", tadelt ihn Tante Fuchs.

Diesmal bleibt Tante Fuchs nicht nur für einen Tag, diesmal bleibt sie länger, weil die Menschen eine neue Straße bauen und sie nicht mehr in ihrem Bau wohnen kann. Das findet der kleine Fuchs zwar schlimm und seine Tante tut ihm Leid, trotzdem geht sie ihm oft auf die Nerven. Er weiß selbst, dass man Bitte und Danke sagen soll, aber manchmal hat er einfach keine Lust dazu. Und wenn sie dann noch anfängt, den ganzen Bau zu putzen, verschwindet der kleine Fuchs lieber.

Er will zu seinem Freund Zottel,
damit er eine Weile seine Ruhe hat.
In der Nacht hat es geschneit und
der Schnee verdeckt den Weg.
Der kleine Fuchs verläuft sich und
weiß bald nicht mehr, wo er ist.

Da kommt ihm der Waschbär entgegen,
den der kleine Fuchs beim Spielen nie dabeihaben will.
Trotzdem fragt er ihn jetzt: „Kennst du den
Weg zu meinem Bau?“
„Klar.“
„Dann zeig ihn mir, bitte, bitte!“
„Und wenn du zehnmal Bitte-Bitte sagst, dir zeig ich
den Weg nicht!“, brummt der Waschbär und verschwindet.

Frierend und weinend trottet der kleine Fuchs weiter.
„Was ist denn mit dir los?“,
hört er plötzlich jemanden fragen.
Der kleine Fuchs schaut hoch und sieht den Wolf.
„Du hast dich verlaufen, was?“, fragt ihn der Wolf.
Der kleine Fuchs nickt und murmelt: „Kannst du mir den Weg zu meinem Bau zeigen?“
„Na, dann will ich mal nicht so sein, auch wenn du nicht gerade mein Freund bist.“

Der Wolf läuft so schnell durch den Wald,
dass der kleine Fuchs ihm kaum folgen kann.
Vor dem Bau muss er erst mal durchatmen.
„Danke“, sagt er dann, „vielen Dank!“
„Bitte, bitte!“, ruft der Wolf und läuft weiter.

Ein paar Tage später gehen Tante, Mama, Papa Fuchs und der kleine Fuchs spazieren. Unterwegs kommen sie an der Bärenhöhle vorbei. Zottel und seine Schwester spielen mit dem Ball.

„Ich will bei Zottel bleiben!“, ruft der kleine Fuchs sofort.

„Wie heißt das?“, fragt Tante Fuchs.

„Darf ich bei Zottel bleiben?“

Mama Fuchs und Papa Fuchs schauen sich an – und nicken.

„Aber du kommst nach Hause, wenn die Sonne hinter dem Wald verschwindet“, sagt Mama Fuchs.

Der Dachs, der Igel und der Wolf kommen auch noch vorbei.
„Wir spielen Fußball“, schlägt der Wolf vor.
„Ich will aber mit Zottel spielen!“, ruft der kleine Fuchs.
„Wir losen aus, das ist gerecht“, sagt der Wolf.
Der kleine Fuchs kommt mit dem Wolf und dem Igel in eine Mannschaft, was ihm gar nicht gefällt. Der Wolf schickt den Igel ins Tor. Im anderen Tor steht Zottels Schwester. Anfangs kickt der kleine Fuchs nur lustlos mit und es dauert nicht lange, bis die andere Mannschaft 1:0 in Führung geht.

„He, was ist los?“, meckert der Wolf.
„Willst du, dass wir verlieren?“
Nein, verlieren will der kleine Fuchs nicht. Er strengt sich mehr an und spielt mit dem Wolf gut zusammen. Einmal schießt der Wolf Zottels Schwester gegen den Bauch, dass sie umfällt.
„Super gehalten!“, rufen Zottel und der Dachs. Doch gegen den nächsten Schuss vom Wolf hat sie keine Chance. Damit steht es 1:1.

Wenig später umspielt der Wolf Zottel
und schiebt den Ball dem kleinen Fuchs vor die Füße.
Der schießt ihn an Zottels Schwester vorbei ins Tor.
„Toooor!“, jubelt er und hüpft vor Freude über den Platz.
Jetzt ist er doch froh, dass er mit dem Wolf
und dem Igel in einer Mannschaft spielt.

Die Sonne ist längst untergegangen, als der kleine Fuchs den Bau betritt.
„Entschuldigung“, murmelt er.
„Du solltest doch hier sein, wenn die Sonne hinter dem Wald verschwindet“, tadelt ihn Mama Fuchs.
„Ich … wir …“
„Weißt du, im Wald gibt es viele Gefahren“, erklärt ihm Papa Fuchs.
„Wenn du nicht pünktlich bist, machen wir uns Sorgen.

Du könntest dich vielleicht verlaufen haben
oder in eine Grube gefallen sein.“
„Mir ist ja nichts passiert“, nuschelt der kleine Fuchs.
„Trotzdem …“
„Er hat sich ja entschuldigt“, nimmt ihn Tante Fuchs in Schutz.
„Und nächstes Mal kommt er bestimmt pünktlich.“
Der kleine Fuchs nickt.

Den ganzen Winter über bleibt Tante Fuchs. Manchmal nervt sie den kleinen Fuchs ziemlich. Manchmal findet er es auch schön, dass sie da ist, weil sie ihm immer tolle Geschichten vorliest. Einmal hört er gespannt zu und popelt dabei in der Nase. „Aber, aber“, sagt Tante Fuchs, „das macht man nicht!“

„Das … das macht Papa auch“, verteidigt sich
der kleine Fuchs.
„Ich?“, fragt Papa Fuchs und tut empört.
„Das hab ich schon oft gesehen“,
behauptet der kleine Fuchs.
„Auch wenn du es heimlich machst.“
Papa Fuchs senkt den Kopf,
dass man sein Gesicht nicht sieht.

An einem schönen Tag im Frühjahr packt Tante Fuchs ihre Tasche. „Wo gehst du hin?“, fragt der kleine Fuchs.
„Es wird Zeit, dass ich mir einen neuen Bau suche“, antwortet sie.
„Warte!“, sagt er und läuft zu seiner Schatzkiste.
„Ich hab etwas für dich!“ Der kleine Fuchs gibt ihr ein selbst gemaltes Bild. Tante Fuchs ist gerührt.
„Jetzt musst du aber auch Danke sagen!“, ruft der kleine Fuchs.
„Ja natürlich, da hast du Recht.“
Tante Fuchs streicht ihm über den Kopf.
„Danke, mein Kleiner!“, sagt sie lächelnd.
Mama und Papa schauen sich an und schmunzeln.

Bibliografische Informationen Der Deutschen Bibliothek
Die Deutsche Bibliothek verzeichnet diese Publikation
in der Deutschen Nationalbibliografie;
detaillierte bibliografische Daten sind im Internet über
http://dnb.ddb.de abrufbar.

1 2 3 4 08 07 06 05

Postfach 1860 · 88188 Ravensburg
Illustration: Christine Georg · Text: Manfred Mai
Redaktion: Anja Lewe
Printed in Germany
ISBN 3-473-33069-8
www.ravensburger.de